3 Juin 1898.

marqué P d

VENTE DU VENDREDI 3 JUIN 1898

HOTEL DROUOT, SALLE N° 6

à 3 heures précises

---

3 TRÈS BELLES TAPISSERIES

DE BEAUVAIS DU XVIIIe SIÈCLE

Compositions d'Audran

BOISERIES DE SALONS RÉGENCE

SUPERBE CADRE LOUIS XIV

MEUBLES ANCIENS, BRONZES

Porcelaines de Sèvres et de Chine

SCULPTURE PAR RODIN

Tableaux

Appartenant en majeure partie à M. M...

EXPOSITION

Le Jeudi 2 Juin 1898

HOTEL DROUOT, SALLE N° 6

COMMISSAIRE-PRISEUR	EXPERT
Me LÉON TUAL	**M. B. LASQUIN**
56, rue de la Victoire. 56	12, rue Laffitte, 12

EXEMPLAIRE

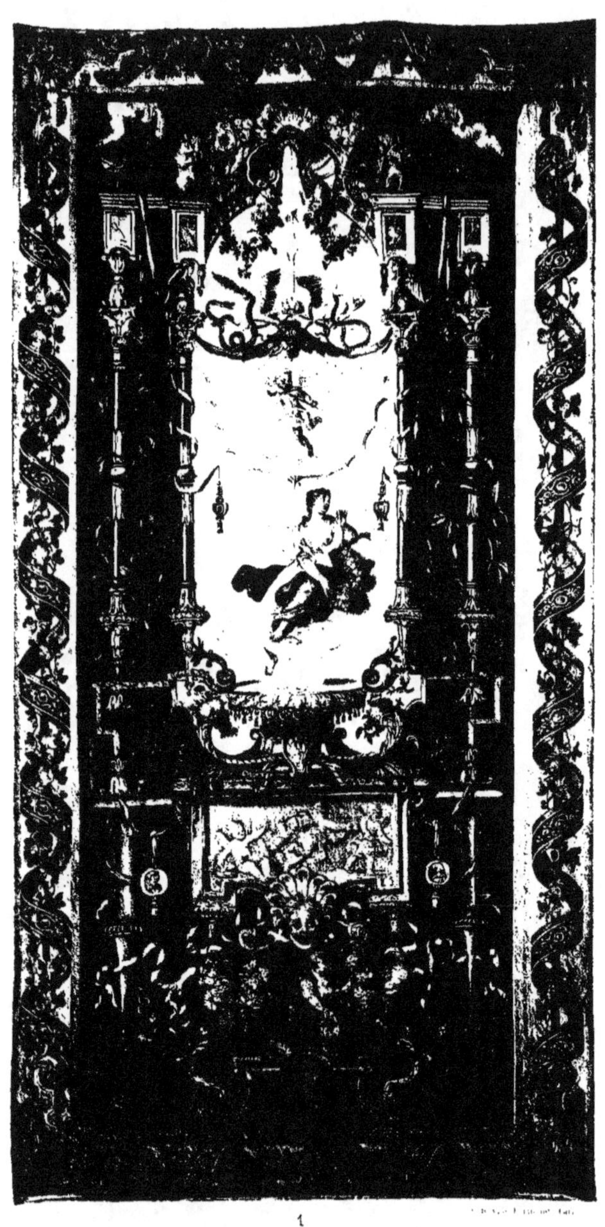

CATALOGUE

DE

3 TRÈS BELLES TAPISSERIES

DE BEAUVAIS DU XVIII' SIÈCLE

Compositions d'Audran

IMPORTANTES BOISERIES DE SALONS

DE L'ÉPOQUE DE LA RÉGENCE

SUPERBE CADRE LOUIS XIV

En bois sculpté et doré

MEUBLES ANCIENS

En marqueterie

Huit Fauteuils Louis XVI en tapisserie

BRONZES, PORCELAINES DE SÈVRES ET DE CHINE, ARGENTERIE

SCULPTURE PAR RODIN

Tableaux

APPARTENANT EN MAJEURE PARTIE A M. M...

DONT LA VENTE AURA LIEU

HOTEL DROUOT, SALLE N° 6

Le Vendredi 3 Juin 1898

à trois heures précises

Mᵉ LÉON TUAL	M. B. LASQUIN
COMMISSAIRE-PRISEUR	EXPERT
56, rue de la Victoire, 56	12, rue Laffitte, 12

EXPOSITION PUBLIQUE

Le Jeudi 2 Juin 1898, de 1 heure 1/2 à 5 heures 1/2

CONDITIONS DE LA VENTE

Elle sera faite au comptant.

Les acquéreurs paieront *cinq pour cent* en sus des adjudications.

L'exposition mettant le public à même de se rendre compte de l'état et de la nature des objets, il ne sera admis aucune réclamation une fois l'adjudication prononcée.

Paris. — Imp. de l'Art, E. Moreau et Cⁱᵉ, 41, rue de la Victoire.

DÉSIGNATION DES OBJETS

TAPISSERIES ANCIENNES

Suite de trois très belles tapisseries de Beauvais
du XVIII² siècle; compositions d'AUDRAN, d'un goût
remarquable, représentant des petites figures mytho-
logiques au milieu de motifs décoratifs, à portiques,
pilastres, dais et consoles enguirlandés de fleurs
et de rubans sur fond bleu clair et contre-fond jaune.

Elles sont entourées de bordures, de pampres
dans des enroulements de rubans roses, à ornements simulant la dorure.

1 — *Pomone.*

Au milieu d'un portique à quatre pilastres, dont le fronton terminé par une coquille est enguirlandé de fleurs; la déesse, debout, tient des fruits dans un pli de sa tunique. Au-dessus d'elle, un dais, dominé par deux oiseaux, représente un amour voltigeant; sur le haut du portique, deux écureuils et deux brûle-parfums.

La partie inférieure, à balustres, rinceaux, guirlandes de fleurs et rubans, offre, au centre, un sujet de quatre enfants en grisaille sur fond rose avec mascaron tête de femme. Au bas, un singe, habillé de rouge, tient une serpe et un branchage.

Haut., 3 mètres; larg., 1 m. 45 cent.

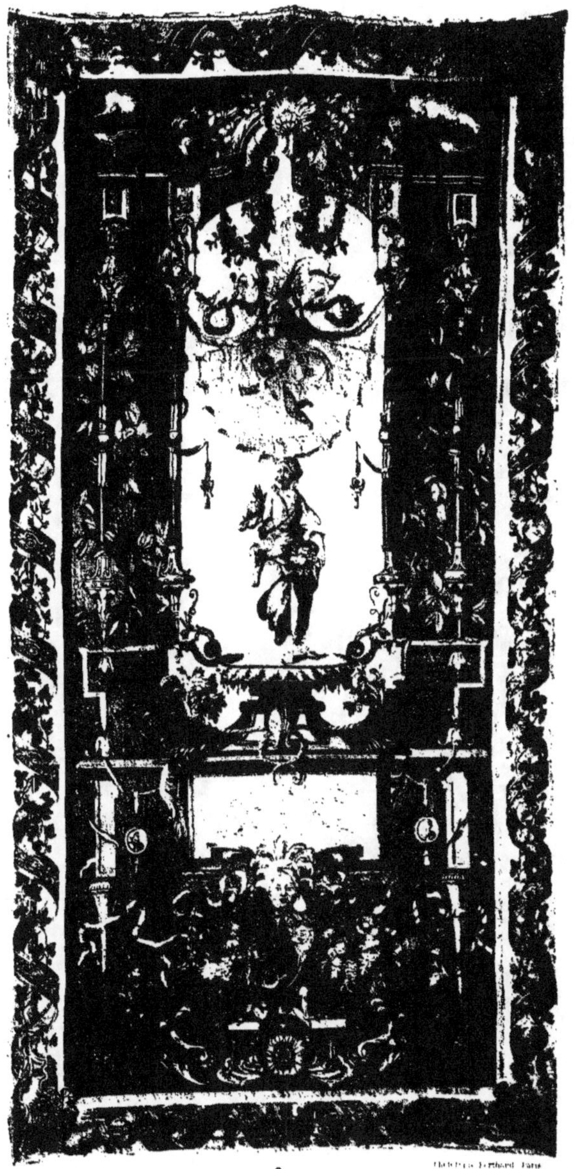

Phototypie Berthaud, Paris

2 — *Flore.*

La déesse, portée par un nuage, tient une guirlande de fleurs. Le motif décoratif est analogue au précédent; le dais de celui-ci représente Cupidon tirant de l'arc. Le sujet du bas : trois enfants tenant une guirlande et, au-dessous, un singe habillé faisant un salut.

Haut., 3 mètres; larg., 1 m. 50 cent.

3 — *Zéphir.*

Au milieu d'une ornementation analogue, Zéphir, agenouillé sur un nuage, présente une couronne.

Le motif du bas représente trois enfants tirant de l'arc ; au-dessous, un singe habillé en villageoise semble répondre par un geste à un galant propos.

Haut., 3 mètres ; larg., 1 m. 43 cent.

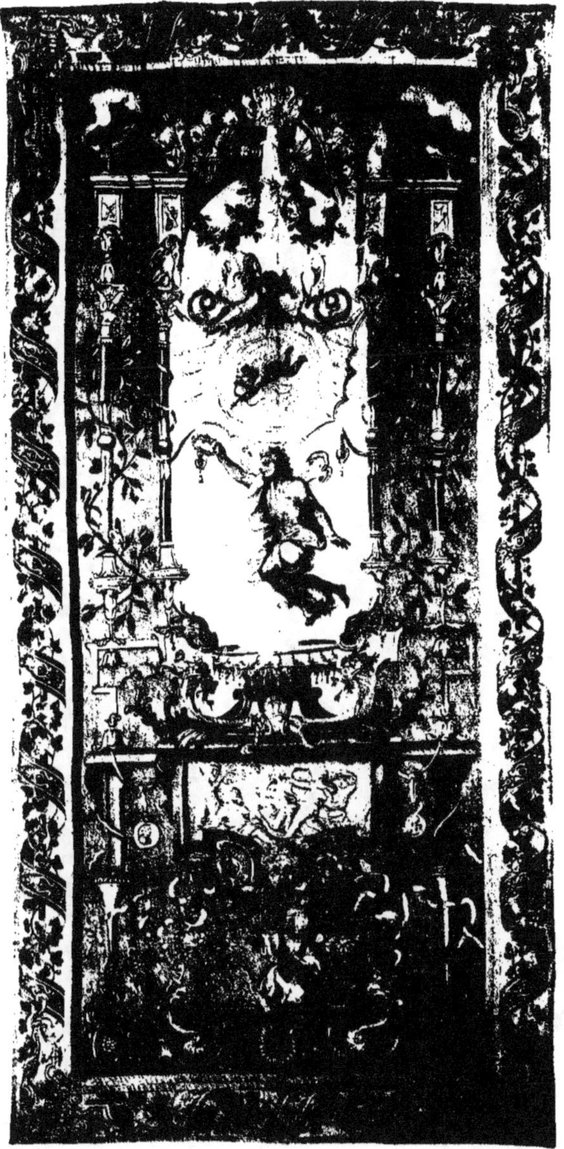

3

4 — Tapisserie, de l'époque de la Régence, représentant des personnages costumés à l'orientale dans un parc orné de charmilles, bosquets, fontaine avec parterre et château en perspective.

Haut., 3 mètres ; larg., 4 m. 25 cent.

5 — Tapisserie ancienne, représentant un paysage boisé, animé d'oiseaux avec cours d'eau et rosiers au premier plan. Le fond offre, en perspective, un château fort au pied d'une colline. Elle est encadrée d'une bordure à enroulements de feuillages et de fleurs avec rosaces aux angles.

Haut., 2 m. 80 cent.; larg., 3 m. 50 cent.

6 — Large bandeau en tapisserie au point, de l'époque Louis XV, représentant le sujet de la Résurrection, au milieu de rinceaux, de fleurs et feuillages.

7 — Grand panneau en largeur en broderie ancienne de soie et de perles offrant au centre, dans un cartouche à fleurs et ramages en relief, le sujet du Sacrifice d'Abraham. Il est encadré d'une riche bordure, de l'époque Louis XV, en bois sculpté, à ornements rocailles dorés sur fond peint en gris.

RODIN

8 — *Bacchante.*

La tête, couronnée de pampres, légèrement renversée, les paupières closes par l'ivresse, l'épaule à demi-cachée par une draperie.

Buste grandeur petite nature en marbre blanc.

Œuvre admirable empreinte d'une grande poésie.

CADRE LOUIS XIV

9 — Superbe cadre, de l'époque Louis XIV, en bois finement sculpté et ajouré, sous son ancienne dorure très bien conservée. De la plus grande richesse d'ornementation, à entrelacs et feuillages avec volutes aux angles; il porte le chiffre du Roi dans le fronton et des fleurs de lis sur le bas et les côtés.

Ce cadre est une pièce artistique de premier ordre.

Haut. (vue), 1 m. 45 cent.; larg., 1 m. 15 cent.

BOISERIES ANCIENNES

10 — Très belle boiserie de grand salon, de l'époque de la Régence, en chêne sculpté doré en partie et peint à faisceaux, coquilles, fleurs et ornements. Elle comprend plusieurs baies cintrées, panneaux d'angles, dessus de porte, etc.

Cette boiserie pourra être divisée en plusieurs lots.

11 — Autre boiserie de salon, du temps de Louis XIV, en bois sculpté et à moulures, peint en gris, provenant d'un ancien hôtel de Paris.

Cette boiserie pourra être divisée en plusieurs lots.

12 — Rampe de balcon en fer forgé du xviiie siècle, à entrelacs, fleurs et feuillages.

13 — Grand lustre, style Louis XV, en fer et bronze.

MEUBLES ANCIENS ET BRONZES

14 — Huit fauteuils, du temps de Louis XVI, en bois sculpté et peint en blanc, à dossiers ovales entourés de rubans, garnis de tapisseries de l'épo-

que, représentant des enfants villageois sur les
dossiers et des sujets tirés des fables de La
Fontaine sur les sièges.

15 — Belle commode, de l'époque Louis XV, à pieds
cambrés, à trois rangs de tiroirs et à ressaut,
en marqueterie de bois de rose, de violette et d'érable, offrant sur la face trois motifs d'attributs
champêtres et de fleurs dans des encadrements,
et, sur les côtés, des vases de fleurs. Au centre,
dans une rosace, un médaillon en ivoire gravé
représente les signes du zodiaque. Elle est ornée
de chutes et de sabots en bronze. Dessus de
Brèche.

16 — Encoignure, de l'époque Louis XVI, en bois de
rose marqueté, à vases d'œillets avec encadrements de grecques.

17 — Petite commode Louis XVI, en bois de placage marqueté, à filets.

18 — Deux petites commodes, de l'époque de Louis
XVI, forme demi-lune, à deux tiroirs et deux
portes sur les côtés, en bois satiné et dessus de
marbre blanc.

19 — Bureau à cylindre, de l'époque Louis XVI, en
acajou, à pieds cannelés et moulurés. Dessus
de marbre blanc.

20 — Secrétaire, de l'époque Louis XVI, en bois de
rose marqueté à filets, avec cannelures simulées
sur les pans coupés; il est garni de chutes et
d'entrées de serrures en bronze doré. Dessus
de marbre.

21 — Grand guéridon de salon, de l'époque du
premier Empire, en acajou, à cinq pieds à
griffes de lions ornés de bronze reposant sur
une base en étoile. Dessus de marbre portor.

22 — Encoignure ancienne en marqueterie de bois,
à fleurs, de travail hollandais.

23 — Beau cartel, de l'époque Louis XV, en bronze
ciselé et doré, à ornements de feuillages dans
lesquels se jouent des figures d'amours.

24 — Bureau Tronchin, en acajou, époque Louis XVI.

25 — Encoignure Louis XV en bois de placage.

26 — Table de tric-trac ancienne, en acajou.

27 — Chiffonnier Empire en acajou, garni d'anneaux
de cuivre.

28-28 *bis* — Petite console et table Louis XVI en
acajou, garnies de cuivre.

29 — Guéridon rond Louis XVI en acajou, dessus de marbre avec galerie de cuivre.

30 — Petite pendule Louis XIV, avec socle de suspension, en marqueterie de cuivre et d'écaille, ornée de bronzes.

31 — Fontaine et bassin de l'époque Louis XV, en cuivre gravé à armoiries.

32 — Pendule, du temps de l'Empire, en bronze doré, ornée de pilastres, d'un sujet appliqué à griffons et d'une frise de palmettes ; elle est surmontée d'une coupe, avec figurine.

33 — Garniture en bronze de *Barbedienne,* avec statuette de Diane de Gabies, et deux lampes.

PORCELAINES ANCIENNES

34 — Écuelle à couvercle et son plateau en ancienne porcelaine de Sèvres, pâte tendre (année 1769), décor de *Le Bel jeune,* à fleurs ; avec bordure verte, ornée de rubans en bleu et rose.

35 — Deux flambeaux en vieux Saxe.

36 — Deux plats en ancienne porcelaine de Chine,
décorés en émaux, de la famille verte, de chry-
santhèmes dans des arabesques.

37 — Plat en ancienne porcelaine de Chine, décoré
de quatre disques d'arabesques en bleu.

38 — Deux autres plats en vieux Chine, décorés de
fleurs en bleu.

39 — Plat en ancienne faïence de Delft, à décor poly-
chrome avec légende.

40 — Statuette de femme debout, en porcelaine de
Chine émaillée.

41 — Deux plats en vieux Japon, à décor rouge et
or.

42 — Grand plat ovale en faïence, genre de Palissy,
à reptiles et coquilles.

ARGENTERIES ANCIENNES

43 — Petite écuelle et son plateau en vermeil ciselé.

44 — Grand plat ovale.

45 — Deux plats ronds.

46 — Plat creux.

47 — Deux plats carrés.

FRANCK

48 — Composition allégorique, représentant différents faits tirés de l'*Histoire de la Mythologie*, tels que :

Judith et Holopherne, Mucius Scœvola, les Réformateurs, les Dieux dans l'Olympe, etc.

MEYNIER

49 — *Junon et le paon.*

50 — *Apollon et une nymphe.*

VESTIER

(Attribué à)

51 — *Portrait de Femme, en buste.*

X

52 — *Arc de triomphe romain.*

Dessin du temps de l'Empire.

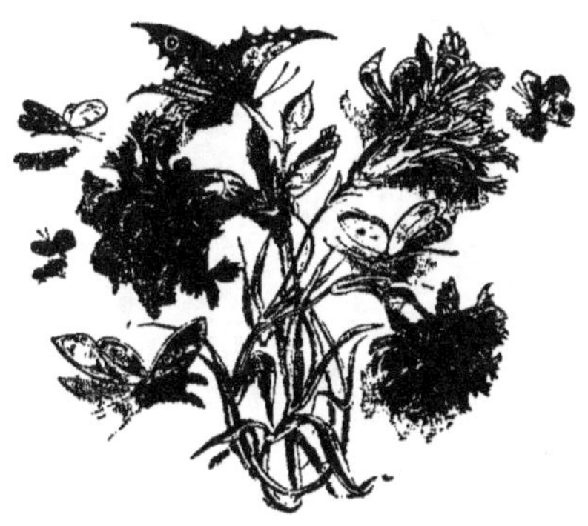

www.ingramcontent.com/pod-product-compliance
Lightning Source LLC
LaVergne TN
LVHW011011180726
843502LV00007B/2461